BEI GRIN MACHT SICH IHR WISSEN BEZAHLT

Integration Modul "baramundi OS-Install". Konfiguration einer automatisierten Windows-Installation per PXE-Boot mit Client Verwaltung in der baramundi Management Suite

GRIN :)

Bibliografische Information der Deutschen Nationalbibliothek:

Die Deutsche Nationalbibliothek verzeichnet diese Publikation in der Deutschen Nationalbibliografie; detaillierte bibliografische Daten sind im Internet über http://dnb.d-nb.de abrufbar.

ISBN: 9783346752369
Dieses Buch ist auch als E-Book erhältlich.

Druck und Bindung: Books on Demand GmbH, Norderstedt Germany
Gedruckt auf säurefreiem Papier aus verantwortungsvollen Quellen

Das vorliegende Werk wurde sorgfältig erarbeitet. Dennoch übernehmen Autoren und Verlag für die Richtigkeit von Angaben, Hinweisen, Links und Ratschlägen sowie eventuelle Druckfehler keine Haftung.

Das Buch bei GRIN: https://www.grin.com/document/1289452

Abschlussprüfung Sommer 2022

Fachinformatiker für Systemintegration

Dokumentation zur betrieblichen Projektarbeit

Integration Modul „baramundi OS-Install"

Konfiguration einer automatisierten Windows Installation per PXE Boot mit Client Verwaltung in der baramundi Management Suite

Inhaltsverzeichnis

1 Einführung

Folgende Projektdokumentation wurde im Rahmen des IHK-Abschlussprojekts erstellt, das der Auszubildende während seiner Ausbildung zum Fachinformatiker für Systemintegration durchgeführt hat.

1.1 Projektumfeld

Die Planung sowie Umsetzung des folgenden Projekts findet innerhalb der IT-Abteilung bei der Firma „xxx" statt.

xxx ist ein mittelständisches Familienunternehmen mit Hauptsitz in xxx, das über 1000 Mitarbeiter beschäftigt. Mit mehreren Standorten in Deutschland sowie internationalem Vertrieb gehört das Unternehmen zu den Marktführern seinen Bereichen.

1.2 Projektbeschreibung und -begründung

Innerhalb der Firma befinden sich rund 700 Bildschirmarbeitsplätze, bestehend aus ca. 50 „Thin Clients" in den Fertigungsbereichen und ca. 650 Desktop-PCs und Laptops in den Verwaltungsbereichen.

Um den Mitarbeitern aktuelle und performante Hardware zu bieten, wird jedes Gerät durch die interne IT-Abteilung alle 36 Monate (Laufzeit der Leasingverträge) durch neue Hardware ersetzt.

1.2.1 Problemstellung (IST – Analyse)

Je mehr IT-Geräte im Unternehmen benutzt werden, desto höher sind die Kosten für Inbetriebnahme, Wartung und Außerbetriebsetzung.

Aktuell findet die Neuinstallation von Clients per USB-Stick als Installationsmedium statt. Dies gestaltet sich bei durchschnittlich ca. 50 Clients pro Quartal als ineffektiv und fehleranfällig, da Mitarbeiter wertvolle Zeit für Routineaufgaben benötigen. Diese Fehler können beispielsweise die Ursache für ein instabiles System oder Performanceprobleme sein. Außerdem liegt die Geschwindigkeit der einzelnen Installation eines Gerätes mit dem langsamen Flash-Speicher eines USB-Sticks deutlich hinter einer parallelen Netzwerkinstallation mehrerer Geräte. (siehe 5.3 Zeit- und Kosteneinsparung)

Darüber hinaus geschieht die weitere Einrichtung nach der Installation auf manuellem Weg über das Windows Setup und die Möglichkeit zur Anpassung des Windows Images (z. B. nicht benötigte Systemfunktionen deaktivieren) fehlt.

1.2.2 Projektziel (SOLL – Konzept)

Ziel des Projektes, ist den Prozess der manuellen Installation bei der Ersteinrichtung von Clients für die Mitarbeiter, soweit es möglich ist, zu vereinfachen.

In Zukunft sollen alle Clients automatisch per PXE Boot über das Netzwerk mit Windows 10 installiert werden und anschließend das Gerät mit einem „Softwarebundle" mit der aktuell von der Firma festgelegten Standardsoftware versorgt werden. Das bietet den Vorteil, dass jeder Mitarbeiter immer mit der aktuellen und für uns angepassten Windows-Version die Ersteinrichtung vornimmt. Ebenso wollen wir eventuelle Benutzerfehler minimieren und die hohe Geschwindigkeit der Netzwerkinstallation nutzen.

So können wir durch zeitsparende Mehrfachinstallationen das Personal in der IT-Abteilung von Routineaufgaben befreien und Zeit für produktive Aufgaben gewinnen.

2 Projektplanung

Im folgenden Kapitel sollen die notwendige Zeit, die benötigten Ressourcen sowie ein Ablauf der Durchführung des Projektes geplant werden.

2.1 Projektphasen

Für die Umsetzung des Projektes stand ein Zeitrahmen von 35 Stunden zur Verfügung. Diese wurden vor Projektbeginn auf einzelne Phasen verteilt, die während der Umsetzung durchlaufen werden. Eine grobe Zeitplanung sowie die jeweiligen Hauptphasen lassen sich der Tabelle 1: Projektphasen inkl. Dauer entnehmen.

Tätigkeit	Zeitaufwand
Planungsphase	
IST-Analyse der Ausgangssituation	2h
Entwurf des SOLL-Konzepts	2h
Auswahl der Deployment Methode	1h
Zeitaufwand Planungsphase	**5h**
Umsetzung	
Einarbeitung in den Deployment-Mechanismus	6h
Aktivierung der PXE- Unterstützung	1h
Einrichtung der Bootumgebungen	2h
Auswahl und Anpassung des Boot Images	5h
Erzeugen des Betriebsystemobjektes	2h
Anlegen des Betriebssystem - Installationsjobs	2h
Zeitaufwand Umsetzung	**18h**

Testphase	
Testinstallationen mit Clientverwaltung	5h
Zeitaufwand Testphase	**5h**
Abschlussphase	
Erstellung der Projektdokumentation	7h
Zeitaufwand Abschlussphase	**7h**
Gesamt	**35h**

Tabelle 1: Veranschlagte Projektphasen inkl. Dauer

2.2 Auswahl der Deployment-Lösung

Auf dem Markt sind verschiedenste Tools unterschiedlicher Hersteller für OS Deployment zu finden.

Weit verbreitet ist die eigene Lösung von Microsoft namens „MECM" (Microsoft Endpoint Configuration Manager). Eine Kernfunktion des Tools ist die automatische Betriebssysteminstallation, wobei hier auf viele Features von Windows Server zurückgegriffen wird. MECM ist ein sehr umfangreiches Tool und lässt sich grundsätzlich auch sehr einfach in jede Windows Server Umgebung integrieren.

Ein anderes Produkt, welches sich bereits bei uns im Einsatz befindet, ist die Management Suite des Herstellers „baramundi". Hier lassen sich jegliche Art von Clients (Mobile, Desktop, etc.) für Administratoren zentral inventarisieren und verwalten. Ein optionaler Bestandteil der Management Suite ist die Möglichkeit zur Bereitstellung von Betriebssystemen.

Im Folgenden wird das Produkt „MECM" von Microsoft mit der „baramundi Management Suite" in einem qualitativen und quantitativen Vergleich gegenübergestellt:

Kriterien	Gewichtung	baramundi		MECM	
	(G)	Punkte (P)	P * G	Punkte (P)	P * G
Quantitatives Kriterium	in %				
Preis	50	10	500	4	200
Qualitative Kriterien					
Implementierung in bestehende IT-Landschaft	20	9	180	3	60
Nutzerfreundlichkeit	10	8	80	5	50
Allgemeiner Funktionsumfang	20	6	120	9	180
Summe			**880**		**490**

Tabelle 2: Vergleich der Deployment-Lösungen

Aufgrund der Analyse fällt die Entscheidung auf die Software-Lösung aus dem Hause „baramundi". Gründe hierfür sind, dass in der Firma aktuell schon die Clients sowie Assets über die „baramundi Management Suite" inventarisiert und verwaltet werden. Des Weiteren findet über diesen Weg auch die Softwareverteilung für neue Geräte oder nachträgliche Anforderungen statt. Ebenso müssen keine weiteren Kosten einkalkuliert werden, da das Modul „OS-Install" in Verbindung mit der baramundi Management Suite bereits durch xxx erworben wurde.

Zusammenfassend waren die Integration in bestehende Funktionen und die wesentlich einfachere Einrichtung in unserer Systemlandschaft Gründe für die Entscheidung der Deployment-Lösung von baramundi.

2.3 Ressourcenplanung

In der folgenden Übersicht (Tabelle 2: Ressourcenplanung) werden sowohl Hardware- als auch Softwareressourcen abgebildet und die beteiligten Personen, die für die Umsetzung des Projektes erforderlich sind.

Software	baramundi Management Suite 2021 R1, DHCP
Hardware	Windows PC (zur Konfiguration), 2x Test-PCs
Beteiligte Personen	Interner baramundi Administrator

Tabelle 3: Ressourcenplanung

Bei der verwendeten Software (inkl. Modul) wurde darauf geachtet, dass diese bereits durch xxx gekauft wurden und somit keine weiteren Kosten verursachen. Die „baramundi Management Suite" ist bereits bei uns zur Client-Inventarisierung vorhanden und verursacht keine weiteren Lizenzkosten.
Ebenfalls wurden nur vorhandene Systeme zum Konfigurieren und Testen verwendet. Somit haben sich aufgrund der Durchführung des Projektes auch keine direkten Kosten für zusätzliche Hardware ergeben.

3 Projektumsetzung

Alle Einstellungen und Konfigurationen wurden auf dem xxx- Server vorgenommen, auf dem die baramundi Management Suite installiert ist.
baramundi bietet seine Management Suite auch als Desktop-Client an. Hier hat man allerdings keinen Zugang zu gewissen Einstellungsmöglichkeiten und gerade für die Erledigung von administrativen Aufgaben empfiehlt sich immer das Arbeiten am Server.

3.1 Aktivierung der PXE Unterstützung

Zunächst wird in der baramundi Management Suite der PXE-Support im Reiter „Konfiguration" und der Kategorie „Server" konfiguriert. Anschließend muss der baramundi-Dienst neu gestartet werden.

Abbildung 1: PXE-Unterstützung der Management Suite (s. Seite 15)

3.2 Einrichtung der WinPE Bootumgebungen

Damit der Client sich über PXE während der Installation die Bootumgebungen laden kann müssen diese zunächst erstellt werden.
Voraussetzung hierfür ist die Installation des Windows Assessment and Deployment Kit (Windows ADK) sowie das WinPE (Windows Preinstallation Environment) -Add-Ons auf dem Server.
Hierbei ist es wichtig darauf zu achten, dass die aktuelle Windows Version 21H2 das Windows ADK Tool in der Version 2004 benötigt.
Diese Programme enthalten die Tools, die zum Anpassen von Windows-Images für eine Bereitstellung und zum Testen der Qualität und Leistung benötigt werden. In unseren Fall ist eine Installation der „Bereitstellungstools" ausreichend.

Abbildung 2: Konfiguration Windows Assessment and Deployment Kit(s. Seite 15)

Nach Abschluss der Installation ist es empfehlenswert den Windows Server neu zu starten.

3.3 Erstellen des PE Network Boot Images

Die baramundi Management Suite setzt für das automatisierte Deployment ein Boot-Image voraus, und zwar passend zum vorgesehenen Betriebssystem. Ist dieses installiert, kann man mit dem baramundi Boot Media Wizard ein WinPE-Abbild erstellen. Dieses ist im baramundi-Programmverzeichnis unter Tools zu finden und benötigt folgende Angaben:

- Typ des Bootmediums: PE Netzwerk Boot Image
- baramundi Server: xxx
- Windows PE-Einstellungen (siehe Abb. 3): Pfad zum ADK und zur boot.wim, Speicherpfad, Architektur (x86, x64) sowie Boot-Typ (BIOS/UEFI

Abbildung 3: Einrichtung Boot Media Wizard (s. Seite 16)

Im letzten Schritt lassen sich Treiber hinzufügen, die nicht in den Installationsmedien enthalten sind. Damit ist es beispielsweise möglich, direkt eine Netzwerktreiberinstallation für die zu verwenden. In unserem Fall wird ein universeller WinPE-Netzwerkkartentreiber für Geräte des Herstellers Lenovo eingesetzt, der sich auf der Herstellerseite herunterladen lässt. So lässt sich sicherstellen, dass es bei der Datenübertragung über die Ethernet Schnittstelle keine Probleme bei der Installation gibt.

Abbildung 4: Verwendeter Netzwerktreiber (s. Seite 16)

Abschließend wird die Generierung des Boot Images gestartet.
Nun sind die Vorbereitungen der WinPE Phase abgeschlossen und der Client kann sein Boot Image via PXE am baramundi Server abholen.

3.4 Bereitstellen des Betriebssystemobjektes

Um das Betriebssystem später mithilfe eines Installationsjobs automatisch installieren zu können, wird dieses zunächst in der baramundi Management Suite in der Kategorie Betriebssysteme implementiert. Dazu müssen wir die ISO-Datei als „virtuelle Harddrive" konfigurieren, damit diese später als Quelle im Setup der Betriebssystemkonfiguration hinzugefügt werden kann (s. Abb. 5).

Nachdem Auswählen der Quelle muss noch die „Unattended File" festgelegt werden. Diese Antwortdatei „Windows10x64.xml" erlaubt es, die Installation von Windows 10 zu automatisieren, da sie die Fragen bei der Installation von Windows 10 von Vornherein „beantwortet". Durch die Parameter wird entschieden in welcher Sprache, Edition und auch welcher Domäne das Gerät beitreten soll.

Abbildung 5: Anpassung des Betriebssystemobjekts (s. Seite 17)

8

Zum Schluss wird die gemountete Quelle auf den DIP-Ordner kopiert, wovon sie bei zukünftigen Installationen abgerufen wird. Ganz am Ende öffnet sich die Registerkarte des erstellten Betriebsystemobjektes. Hier kann der Administrator jederzeit im Menüpunkt Betriebsysteme sämtliche angelegte Systeme bearbeiten und beispielsweise nachträglich mit Lizenzen ausstatten.

Abbildung 6: Übersicht Betriebssystemobjekt (s. Seite 17)

3.5 Anlegen des Betriebssystem – Installationsjobs

Die baramundi Management Suite erledigt alle Client-Aufgaben über sogenannte Jobs. Damit lässt sich das angelegte Betriebssystem Windows 10 zusammen mit unserem standardmäßigen Softwarebundle, welches jedes neu eingerichtete Gerät in der Firma erhält, ausrollen.
Dafür muss man im baramundi Management Center in den Reiter „Jobs" wechseln und ein neuen „Job für Windows Gerät" erstellen. Als Job-Schritt ist „Betriebssystem installieren" zu wählen und das zuvor erstellte OS anzugeben.

Abbildung 7: Windows 10 21H2 als Jobschritt vorbereiten (s. Seite 18)

Zusätzlich müssen folgende Eigenschaften vergeben werden:
- Name: Windows 10 21H2 de-DE UEFI
- Boot-Umgebung: Autodetect

Da es keine Version von Windows PE gibt, die sowohl auf UEFI- als auch auf BIOS-Systemen bootet, empfiehlt baramundi, wenn möglich den BIOS Kompatibilitätsmodus zu nutzen. Mit der Funktion „Autodetect" in der Boot-Umgebung wird dieser Kompatibilitätsmodus festgelegt.

Neben dem Betriebsystem wird als weiterer Jobschritt die Installation des Standard Profils hinzugefügt.

Abbildung 8: Standard Profil dem Job hinzufügen (s Seite 18)

4 Testphase

4.1 Ablauf der Installation

Für den folgenden Test zur Qualitätssicherung wird ein Desktop PC des Herstellers HP verwendet. Das Modell „Prodesk 450 G6" soll mithilfe von baramundi OS-Install standardmäßig installiert und eingerichtet werden.

Zunächst muss im Reiter „Umgebung" in dem entsprechenden Ordner für Geräte einer bestimmten Abteilung das neue Gerät angelegt werden - in unserem Fall „Windows-Gerät ohne Hardwareprofil". Es wird kein bestimmtes Hardwareprofil verwendet, da wir in der Firma unterschiedlichste Chargen und Modelltypen im Einsatz haben und bei kleineren Änderungen Inkonsistenz aufgrund unterschiedlicher Treiber auftreten würde. Nun werden alle benötigten Parameter eingetragen:

- Name/Hostname: NACHNAME-„Anfangsbuchstabe Vorname"
- Modus = LAN
- Prozessorarchitektur: x64
- Sprache: deutsch
- Registrierter Benutzer: Mail-Adresse des Benutzers
- Betriebssysteminstallation zulassen= True
- Bootumgebung = WinPE x64 UEFI
- Windows Domäne: xxx
- Primäre MAC: MAC – Adresse des Geräts
- Primäre IP: Wird automatisch über den DHCP vergeben
- Subnetzmaske: Festgelegter Bereich (automatisch vordefiniert)

Abbildung 9: Eigenschaften eines Clients (s. Seite 19)

Nachdem das Gerät angelegt wurde, wird diesem anschließend der erstellte Job „Windows 10 21H2 de-DE UEFI" zugewiesen.

Abbildung 10: Jobzuweisung auf dem Client (s. Seite 19)

Nun wird als temporäres Bootmedium IPv4 Network PXE ausgewählt und das Gerät wird gestartet, um zu testen, ob es eine Verbindung über die TFPT Route zum Windows Image herstellen kann.

Abbildung 11: Network (PXE) Boot-Menü auf einem HP Desktop PC (s. Seite 19)

Abbildung 12: baramundi UEFI Bootloader (s. Seite 20)

Nach dem Prozess und mehreren Neustarts, was einige Minuten Zeit in Anspruch nimmt, gelangt man auf den Sperrbildschirm von Windows 10. Nun kann man sich mit dem Administratorkonto anmelden und findet ein so gut wie fertig eingerichtetes System vor. Zum Schluss wurde der Test noch ein einem weiteren Modell, der Lenovo P15 Mobile Workstation vorgenommen!

4.2 Auftretende Fehler

Beim ersten Versuch den PC via PXE zu booten, erhielt man einen Fehler, dass der TFTP-Server nicht gefunden wurde. Nach Recherche wurde herausgefunden, dass auf dem DHCP eine falsche IP-Adresse des baramundi Servers eingetragen war. Dies hatte zufolge, dass der Client sich nicht seine ersten Startdateien über den DHCP abholen konnte.

Abbildung 13: Optionen – Bereich am DHCP (s. Seite 20)

Zur Fehlerbehebung mussten wir auf dem DHCP, welcher sich bei xxx auf den xxx befindet, in den Bereichsoptionen des Adressbereiches 192.168.140.0 den Startserver ändern. Die korrekte IP-Adresse des xxx lautet 192.168.140.20.

Abbildung 14: Falsche Server IP-Adresse (s. Seite 20)

5 Fazit

5.1 Zielkontrolle

Die baramundi Management Suite ist in der Lage, den Prozess der Neuinstallation stark zu vereinfachen. Dies reicht vom Erstellen der Antwortdatei über das Generieren eines WinPE-Abbilds bis zum automatischen Start des Setups auf den Clients.
In einer Firma mit rund 650 Windows Clients ist ein automatisches OS-Deployment deshalb schon längst überfällig gewesen, da zum einen der Kostenfaktor für Personal und zum anderen die Fehleranfälligkeit und Ineffizienz ausschlaggebende Kriterien sind.
baramundi und seine Management Suite werden bei xxx schon mehrere Jahre für die Inventarisierung und Software Deployment verwendet. Die Implementierung des Moduls „OS – Install" ist deshalb eine ausgezeichnete Ergänzung zum bestehenden System, da sich dieses nahtlos in die Neuinstallation zur Standardsoftware integriert.

Abbildung 15: Jobschritte mit OS-Install und Standard Profil (s. Seite 21)

Nach der Durchführung des Projektes wurde die veranschlagte Dauer der Projektphasen mit der realen Dauer verglichen. Der Projektumfang von 35h wurde eingehalten. Bei einigen Phasen jedoch weicht die tatsächliche Dauer von der geplanten Dauer minimal ab.

Tätigkeit	Zeitaufwand (Real)	Differenz
Planungsphase		
IST-Analyse der Ausgangssituation	1h	-1
Entwurf des SOLL-Konzepts	2h	-
Auswahl der Deployment Methode	2h	+1
Zeitaufwand Planungsphase	**5h**	-
Umsetzung		
Einarbeitung in den Deployment-Mechanismus	6h	-
Aktivierung der PXE- Unterstützung	1h	-
Einrichtung der Bootumgebungen	2h	-
Auswahl und Anpassung des Boot Images	5h	-
Erzeugen des Betriebsystemobjektes	2h	-
Anlegen des Betriebssystem - Installationsjobs	1h	-1
Zeitaufwand Umsetzung	**17h**	**-1**
Testphase		
Testinstallationen mit Clientverwaltung	4h	-1
Fehlerbehebung	1h	+1
Zeitaufwand Testphase	**5h**	-
Abschlussphase		
Erstellung der Projektdokumentation	7h	-
Zeitaufwand Abschlussphase	**7h**	-
Gesamt	**35h**	-

Tabelle 4: Reale Projektphasen inkl. Dauer

5.3 Zeit- und Kosteneinsparung

Im Folgenden wird die Installation per USB-Stick mit der Netzwerkinstallation an einem Client verglichen:

Tätigkeit	Zeitaufwand (USB)	Zeitaufwand (PXE)
Vorbereitung (Anschließen, etc.)	5 Minuten	5 Minuten
Anlegen des PCs im baramundi	2 Minuten	2 Minuten
Windows 10 Installation	30 Minuten	7 Minuten
Software Standard - Job	15 Minuten	15 Minuten
Gesamt	**52 Minuten**	**29 Minuten**

Tabelle 5: Zeitaufwand Client-Installation

Die Differenz für die Standardinstallation beträgt 23 Minuten pro Client.

Kalkulation Zeitersparnis bei 50 Clients pro Quartal:

50 x 23 Minuten = 1150 Minuten = **19 Stunden 10 Minuten**

Für die Kalkulation wird mit einem pauschalem durchschnittlichen Stundensatz von 40 Euro/Stunde pro Arbeitskraft gerechnet.

Kalkulation Kostenersparnis in € pro Quartal:

19,166 Stunden x 40 Euro = **766 Euro**

5.4 Amortisationsrechnung

Für die Amortisation wird von einem Stundensatz von 15 Euro/Stunde für Auszubildende und 40 Euro/Stunde für IT-Administratoren ausgegangen. Für die Umsetzung des Projektes wurden zusätzlich 5 Stunden des internen baramundi Administrators benötigt.

Kalkulation gesamte Projektkosten:

(35 Stunden x 15 Euro) + (5 Stunden x 40 Euro) = **725 Euro**

Die Einsparung von 766 Euro/Monat führt demnach dazu, dass sich das Projekt bereits nach dem ersten Quartal durch den Hardware-Leasing-Zyklus amortisiert hat

5.5 Ausblick

Heutzutage ist nahezu jede Firma auf IT-Geräte, wie PC's und Laptops in den unterschiedlichsten Bereichen zum Arbeiten angewiesen. Die zunehmende Digitalisierung und steigende Anzahl an Computerarbeitsplätzen in Firmen sowie die Schnelllebigkeit von PC-Hardware und die Dauerbeanspruchung der Geräte bedarf einer effizienten Lösung zur Bereitstellung neuer Geräte.
Eine automatische Betriebssysteminstallation sowie Software-Deployment mit Clientverwaltung sind essenzielle Features sowohl für Systemhäuser als auch mittelständische (Industrie-)Betriebe und Konzerne.
So empfiehlt sich die unbeaufsichtigte Installation, um maßgeschneiderte und stabile Windows-Systeme einzurichten und gleichzeitig Zeit, Kosten und Ressourcen der Mitarbeiter zu sparen!

Anlagen

Tabellenverzeichnis

Abbildungsverzeichnis

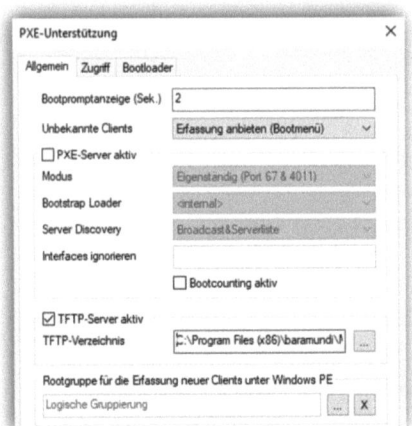

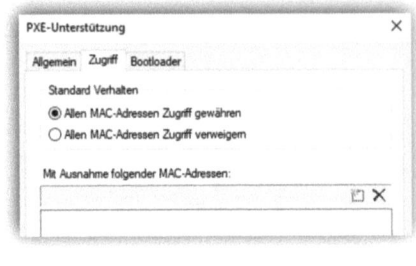

Abbildung 1: PXE-Unterstützung der Management Suite

Abbildung 2: Konfiguration Windows Assessment and Deployment Kit

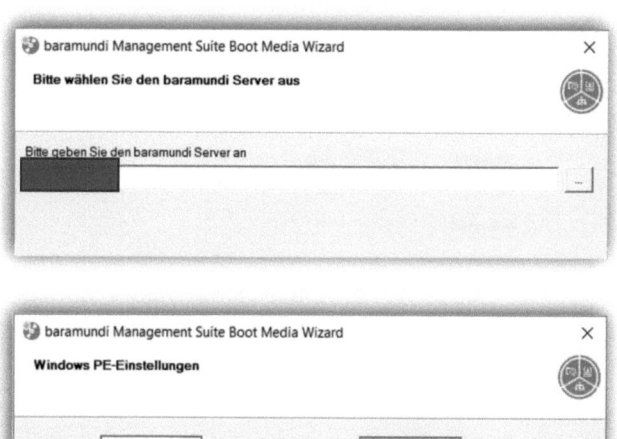

Abbildung 3: Einrichtung Boot Media Wizard

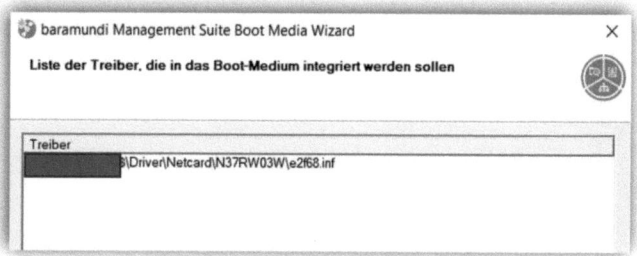

Abbildung 4: Verwendeter Netzwerktreiber

Abbildung 5: Anpassung des Betriebssystemobjekts

Abbildung 6: Übersicht Betriebssystemobjekt

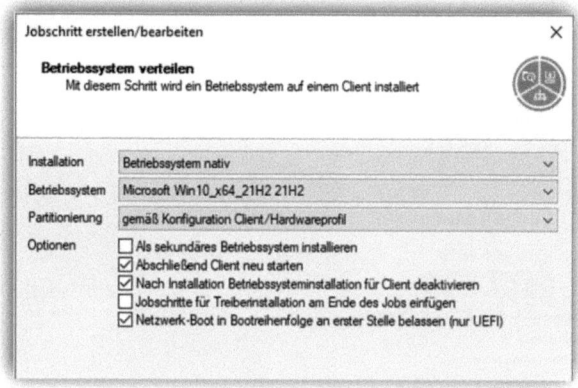

Abbildung 7: Windows 10 21H2 als Jobschritt vorbereiten

Abbildung 8: Standard Profil dem Job hinzufügen

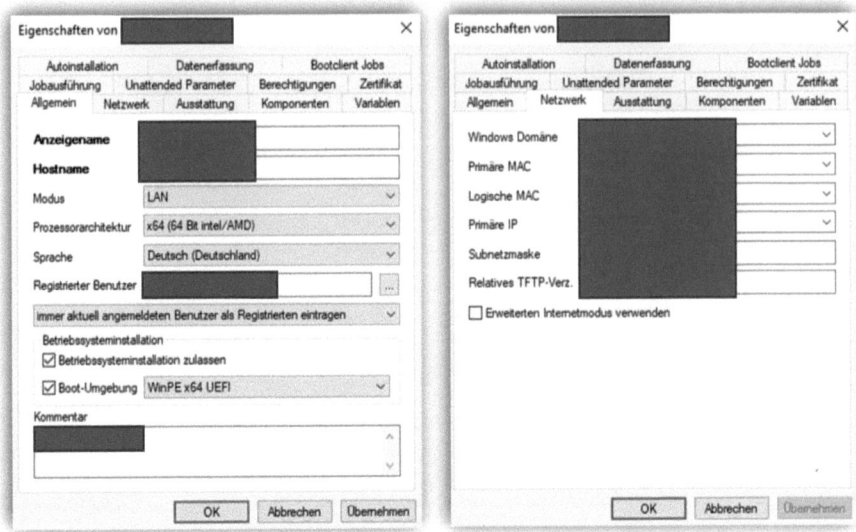

Abbildung 9: Eigenschaften eines Clients

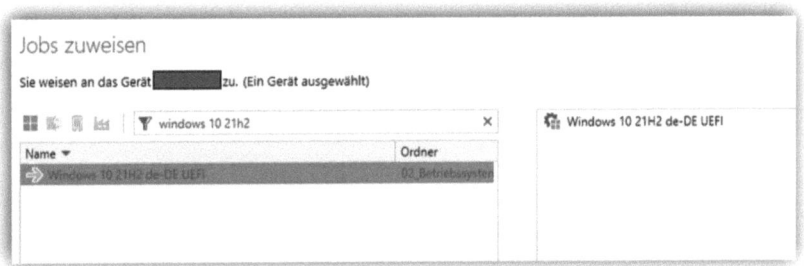

Abbildung 10: Jobzuweisung auf dem Client

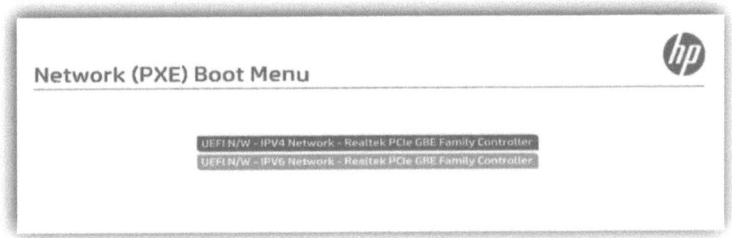

Abbildung 11: Network (PXE) Boot-Menü auf einem HP Desktop PC

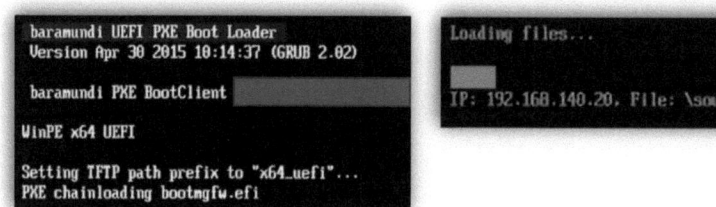

Abbildung 12: baramundi UEFI Bootloader

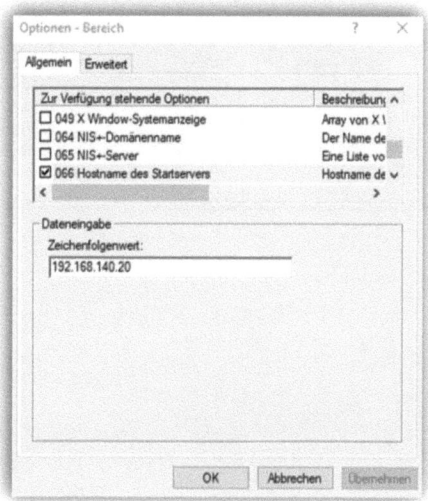

Abbildung 13: Optionen – Bereich am DHCP

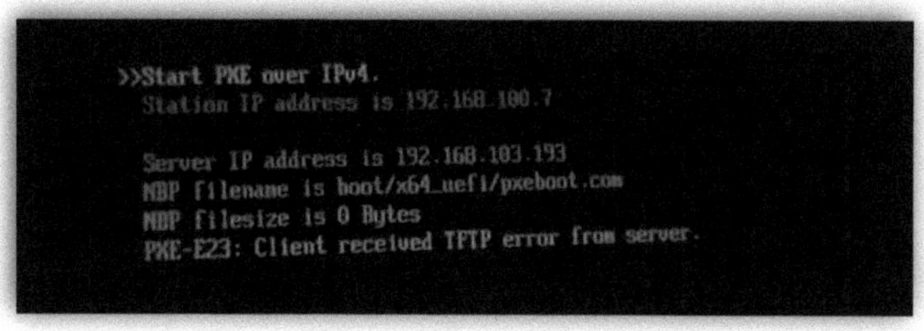

```
>>Start PXE over IPv4.
   Station IP address is 192.168.100.7

   Server IP address is 192.168.103.193
   NBP filename is boot/x64_uefi/pxeboot.com
   NBP filesize is 0 Bytes
   PXE-E23: Client received TFTP error from server.
```

Abbildung 14: Falsche Server IP-Adresse

20

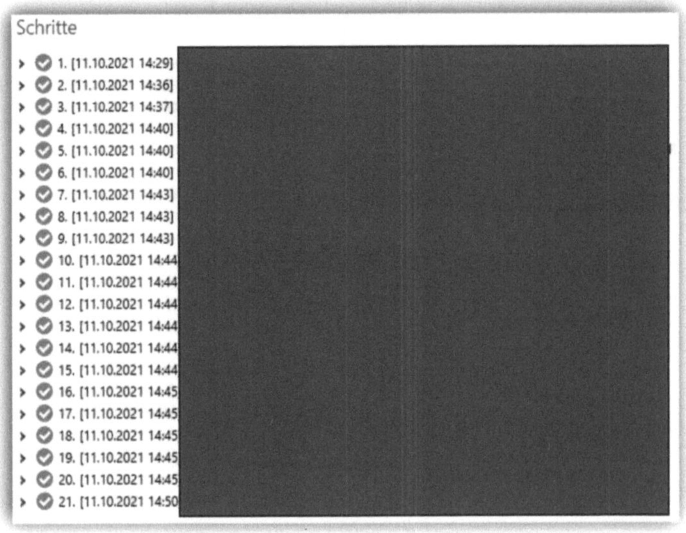

Schritte

> ✓ 1. [11.10.2021 14:29]
> ✓ 2. [11.10.2021 14:36]
> ✓ 3. [11.10.2021 14:37]
> ✓ 4. [11.10.2021 14:40]
> ✓ 5. [11.10.2021 14:40]
> ✓ 6. [11.10.2021 14:40]
> ✓ 7. [11.10.2021 14:43]
> ✓ 8. [11.10.2021 14:43]
> ✓ 9. [11.10.2021 14:43]
> ✓ 10. [11.10.2021 14:44
> ✓ 11. [11.10.2021 14:44
> ✓ 12. [11.10.2021 14:44
> ✓ 13. [11.10.2021 14:44
> ✓ 14. [11.10.2021 14:44
> ✓ 15. [11.10.2021 14:44
> ✓ 16. [11.10.2021 14:45
> ✓ 17. [11.10.2021 14:45
> ✓ 18. [11.10.2021 14:45
> ✓ 19. [11.10.2021 14:45
> ✓ 20. [11.10.2021 14:45
> ✓ 21. [11.10.2021 14:50

Abbildung 15: Jobschritte mit OS-Install und Standard Profil

baramundi:

„baramundi" ist ein Softwareentwickler, welcher unter anderen die baramundi Management Suite sowie weitere Module für die Client-Verwaltung in Firmennetzwerken anbietet.

boot.wim:

In Dateien mit der Endung .wim stecken Abbilder (Images) von Windows-Installationen. Daher auch der Name WIM, der für Windows Imaging steht.

Deployment:

Softwareverteilung (=Deployment) nennt man Prozesse zur Installation von Software auf Rechnern.

DHCP:

Das Dynamic Host Configuration Protocol ist ein Kommunikationsprotokoll in der Computertechnik. Es ermöglicht die Zuweisung der Netzwerkkonfiguration an Clients durch einen Server.

DIP-Ordner:

Der DIP-Ordner ist quasi das Depot-Verzeichnis für Software und Betriebssysteme während der Softwareverteilung.

PXE Boot:

Das Preboot Execution Environment ist ein ursprünglich von der Firma Intel entwickeltes Client-Server-Modell, um netzwerkfähige Rechner, die sogenannten Clients, von einem Server ausgehend über ein lokales Rechnernetz booten zu können.

TFPT:

Das Trivial File Transfer Protocol, kurz TFTP, ist ein sehr einfaches Client-Server-Protokoll, das den Transfer von Dateien in Computernetzwerken regelt.

Thin Client:

Als Thin Client, lean client oder slim client wird meist ein Computer bezeichnet, welcher über ein Netzwerk mit einem Server verbunden ist und dessen Ressourcen nutzt.

WinPE:

Microsoft Windows PE (PE steht für Preinstallation Environment, englisch für Vor-Installations-Umgebung; auch kurz WinPE genannt) ist ein minimiertes Windows-Betriebssystem.

BEI GRIN MACHT SICH IHR WISSEN BEZAHLT

- Wir veröffentlichen Ihre Hausarbeit, Bachelor- und Masterarbeit

- Ihr eigenes eBook und Buch - weltweit in allen wichtigen Shops

- Verdienen Sie an jedem Verkauf

Jetzt bei www.GRIN.com hochladen und kostenlos publizieren